9.10

Walther Zeitler
Der Mühlhiasl und seine Prophezeiungen

Walther Zeitler

# Der
# Mühlhiasl
## und seine
# Prophezeiungen

Illustrationen von Fritz Matzulla

Vereinigte Oberpfälzische Druckereien
und Verlagsanstalt GmbH, Amberg

ISBN 3-924350-10-8

© 1987, Vereinigte Oberpfälzische Druckereien
und Verlagsanstalt GmbH, Amberg
ISBN 3-924350-10-8
Druck: Amberger Zeitung
Illustrationen und Gestaltung: Fritz Matzulla

# „Da Mühlhiasl hot's eh scho g'sagt!"

Wer hätte diesen Ausspruch im Bayerischen Wald noch nicht gehört? Hochdeutsch würde das heißen: „Der Müller Matthias hat es schon gesagt!" – Wer so wie ich seit über drei Jahrzehnten den Bayerischen Wald in allen Teilen intensiv durchstreift und mit Tausenden von Waldlern gesprochen, Hunderte interviewt hat, dem ist dieser Ausspruch besonders geläufig. Meist folgt dann umgehend das passende Zitat aus den Mühlhiasl-Prophezeiungen.

Seit jeher bemühen sich die Menschen die Zukunft zu ergründen. Besonders in Kriegs- und Krisenzeiten sind Hellseher gesuchte Leute. Wann wird das „Große Abräumen" kommen, das der Mühlhiasl geweissagt hat? Meinte er damit einen Atomkrieg? Müssen wir den baldigen Atomtod befürchten? Eine Frage, die nach der Katastrophe im russischen Kernkraftwerk Tschernobyl Millionen bewegt. Ahnte der Waldprophet das Waldsterben voraus, als er ausrief, daß der Wald einmal wie des Bettelmanns Rock aussehen werde?

Mit den Mühlhiasl-Prophezeiungen beschäftigen sich die Volkskunde wie die Parapsychologie, also die Lehre von den außerhalb der Naturgesetze stehenden seelischen Erscheinungen. Das alles interessiert die Waldler weniger. Für sie ist der Mühlhiasl einer der ihren, einer, der das „Zweite Gesicht", die Gabe der Hellseherei hatte.

Über den legendären Waldpropheten haben die bedeutendsten Mühlhiaslforscher schon unzählige Zeitungsartikel verfaßt, viele Bücher geschrieben. Über den Mühlhiasl wurde bereits ein Fernsehfilm gedreht, in Hunderdorf gibt es einen Mühlhiasl-weg, im Museumsdorf Bayerischer Wald bei Titt-ling ein „Gasthaus Mühlhiasl" und im Märchen-wald am Großen Arbersee zu allem Überfluß eine Mühlhiaslfigur, die nach entsprechendem Geldein-wurf die Mühlhiasl-Prophezeiungen vom Band spricht. Der Glasmaler Rudolf Schmid in Raubühl hat eine ganze gläserne Stadelwand mit 59 Szenen aus dem Leben des Waldpropheten bemalt, über den wir trotz allem noch nicht allzu viel wissen.

Wer war dieser Waldprophet Mühlhiasl? Wie lau-ten seine Prophezeiungen? Inwieweit sind sie ein-getroffen? Ist der Mühlhiasl mit dem Stormberger, einem zweiten Waldpropheten, identisch? Dieses Büchlein bringt hierzu nichts Sensationelles, es vermeidet aber allzu große Breite, verzichtet auf alles Wissenschaftliche. Hier ist nur das aufge-zeichnet, was den einfachen Waldler am Mühlhiasl interessiert, was der Mühlhiasl wirklich prophezeit haben soll. Die Waldler machen sich dann schon selbst einen Reim darauf, wie sie es auch all die vielen Jahre zwischen dem Tod des Bayerwald-Propheten und der ersten Veröffentlichung seiner Weissagungen getan haben, die Männer bei der Arbeit, am Wirtshaustisch oder allein auf dem Feld, die Frauen im Gespräch mit der Nachbarin oder im Kreise der Familie. Der Mühlhiasl gehört seit nahezu zweihundert Jahren zum waldlerischen Leben wie Wind und Regen, Eis und Schnee.


Kirchberg i. W., im September 1987


WALTHER ZEITLER

6

# Wer war der Mühlhiasl?

Für den Prämonstratenserpater Dr. Norbert Backmund vom Kloster Windberg, dem wohl bedeutendsten Mühlhiaslforscher, stand fest, daß der Mühlhiasl gelebt hat und daß es sich bei ihm um einen Menschen handelte, der das zweite Gesicht hatte. Norbert Backmund standen nicht nur alle Klosterakten zur Verfügung, er hatte auch Zutritt zu allen Pfarr- und sonstigen Archiven. Da der Mühlhiasl im Bereich des Klosters Windberg lebte und arbeitete, kann man sich auf diese Forschungsarbeiten verlassen.

Danach handelt es sich bei dem Mühlhiasl um den am 16. September 1753 als Müllerssohn auf der Apoigmühle in der Pfarrei Hunderdorf bei Bogen zur Welt gekommenen Matthäus Lang. Dieser heiratete am 19. 8. 1788 eine Barbara Lorenz aus Racklberg. Aus dieser Ehe sind zwischen 1789 und 1800 acht Kinder beurkundet worden.

1799, so berichtet Pater Backmund, wurde dem Mühlhiasl die Apoiger Klostermühle von Abt Joachim von Windberg verstiftet, wofür dieser armutshalber nur 75 Gulden entrichten mußte, die in fünf Jahren abgezahlt werden sollten. Nach zwei Jahren hatte er aber noch nicht einen Gulden bezahlt. Doch unter dem im Dezember 1799 neugewählten Abt Ignaz war es Schluß mit der unter dem Vorgänger eingerissenen Mißwirtschaft. Matthias Lang wurde Mitte 1801 seines Amtes als Klostermüller enthoben, wobei dazukam, daß man auch sonst mit ihm unzufrieden war. Die Apoiger Mühle bekam ein gewisser Lettl, die untere Klostermühle Johann

7

Georg Lang, ein Vetter des Mühlhiasl, bei dem dieser wohl noch einige Zeit gelebt hat.

Expositus Georg Hofmann von Schönau, ein anderer namhafter Mühlhiaslforscher, kommt allein bei diesem Lebensabschnitt des Mühlhiasl zu teilweise ganz anderen Ergebnissen. In Heft 3/1957 der Zeitschrift „Der Bayerwald" schreibt er hierzu: „Ein Bruder, Johann Lang, war Hüter in Apoig und hat 1789 geheiratet. Mathias Lang war aber . . . ein schlechter Wirtschafter, kaufte schlechtes, wurmiges Getreide und verdarb sich das Geschäft. 1799 nahm er vom Kloster ein Darlehen von 75 Gulden auf, für das er wegen Armut keinen Zins zu zahlen brauchte, er sollte aber alle Jahre fünf Gulden zurückzahlen. Da er dies nicht konnte, mußte er von der Mühle weichen. Laut Kaufbrief vom 19. Februar 1801 verkaufte er die Mühle an den Müller Josef Lettl von Irlbach um 3450 Gulden, der sie aber schon nach zwei Jahren um 7750 Gulden wieder verkaufte."

Man sieht, diese beiden Darstellungen unterscheiden sich ganz entschieden. Obwohl sich Expositus Hofmann teilweise auch auf Pater Backmund beruft, erscheint mir dessen Darstellung als die glaubhaftere, denn allein die Bemerkung, der Mühlhiasl habe die Apoigmühle um 3450 Gulden an den Josef Lettl verkauft, kann kaum zutreffen, da die Mühle ja dem Kloster Windberg gehörte und der Mühlhiasl, wenn es zutreffen würde, mit diesem Geld ein durchaus wohlhabender Mann gewesen wäre. Dagegen stammt des Mühlhiasls Frau Barbara bei Backmund aus Racklberg, bei Hofmann aus Recksberg, Pfarrei Haslbach, was stimmt.

Allein diese für die Prophezeiungen nebensächlichen Lebensdaten und Umstände aus dem Mühlhiaslleben zeigen, daß bereits über den Urheber

der Weissagungen unterschiedliche Angaben vor-
liegen.

Pater Backmund vermutet aufgrund der Akten, daß
sich Matthias Lang noch einige Zeit auf der Mühle
bei seinem Vetter nützlich machte, dann aber als
Mühlenrichter in der Gegend herumzog. Mühlen
gab es im Bayerischen Wald sehr viele, daher war
natürlich auch ständig etwas zu reparieren. Zu den
Mühlen kamen viele Leute, es wurde erzählt und
die Mühlenbesucher haben sicher das Gehörte
auch wieder zu Hause von sich gegeben. Die Frage,
ob der Klostermüller Matthias Lang mit dem 1753
geborenen Matthäus Lang identisch ist, bejaht
Pater Backmund ebenso eindeutig wie die, daß
dieser Matthias Lang der Mühlhiasl war.

In einer Zeit, in der nicht einmal die Hälfte aller
Waldler schreiben konnte, ist es durchaus einleuch-
tend, daß aus einem „Matthäus" ohne weiteres ein
„Matthias" werden konnte, zumal man wohl nur
den Rufnamen „Hias" verwendet haben dürfte.
Interessante Überlegungen stellte der Straubinger
Mühlhiaslforscher Dr. Rupert Sigl bezüglich des
Vornamens an. Früher wurde in der Regel „voraus"
getauft, d. h. man wählte einen Vornamen eines
Heiligen, der im Kalender „voraus" lag. Da der
Mühlhiasl am 16. 9. geboren wurde, hat man sicher
„Matthäus" gewählt, dessen Namenstag der 21. 9.
ist. Aber sowohl der Matthäustag, der 21. 9., als
auch der Matthiastag, der 24. 2., galten als „Mat-
theistag", den ersten beging man als „Mattheis im
Herbst", den zweiten als „Mattheis in den Fasten",
wobei man sicher die beiden Vornamen oft mit nur
einem „t" geschrieben hat. Die Wandlung des Vornamens vom Matthäus zum Matthias ist also für
den Mühlhiasl durchaus nichts Außergewöhnliches.

Ich sprach letztmals mit Pater Backmund am Samstag, dem 26. 4. 1986, das war neun Monate vor seinem Tod. Er zeigte meiner Frau, meinem Sohn und mir die restaurierte Sakristei der Windberger Klosterkirche mit den herrlichen Wandschränken und dabei fragte ich ihn, ob er an etwas Neuem schreibe. Er antwortete, daß er hierzu gesundheitlich nicht mehr in der Lage sei. Als ich wissen wollte, ob es etwas Neues zur Mühlhiaslfrage gebe, meinte er: „Nein, dazu habe ich alles gesagt, was zu sagen war!" Darauf ich: „Also hat der Mühlhiasl wirklich gelebt!" Darauf antwortete Pater Backmund nur mit einem Wort: „Ja!"

Es gibt mehrere Zeugen, die den Mühlhiasl noch selbst gekannt haben. Pfarrer Johann Evangelist Landstorfer, der am 28. 2. 1923 im „Straubinger Tagblatt" erstmals die Mühlhiasl-Prophezeiungen publizierte, beruft sich dabei auf die Erzählungen eines 93jährigen Priesters Georg Mühlbauer, dessen Vater – er war mit 96 Jahren verstorben – noch ein spezieller Freund des Mühlhiasl gewesen war. Otto Kerscher, der bekannte Volkstumsforscher und Heimatschriftsteller aus Bogen-Furth schrieb mir: Ein Bekannter erzählte mir über den Mühlhiasl folgendes: „Mein Großvater Fendl, Bauer von der Zellerhöh, Pfarrei Rattenberg, Gemeinde Prackenbach im Kreis Viechtach, hat oft und oft erzählt, daß er den Mühlhiasl noch selber gut gekannt hat. Er ist ein rechter Sonderling gewesen, hat immer ein wenig verwildert ausgesehen und hat immer gleich angefangen mit seinen Voraussagungen. Der Mühlhiasl wohnte in Windberg, wenigstens in der Zeit, wo ihn mein Großvater kennenlernte. Mühlhiasls Sprüche regten die Windberger Klosterpatres so auf, daß sie ihm öfter gedroht haben, ihn aus der Pfarrei davonzuhauen. Darauf sagte der Mühlhiasl nur lächelnd: ‚Ich geh' schon von selber, ihr müßt aber bald davonrennen!' Bald darauf wurde das Kloster aufgehoben und die Patres mußten gehen!"

Es besteht also kein Zweifel: Der Mühlhiasl ist eine historische Persönlichkeit!

## Wie hat der Mühlhiasl ausgesehen?

Er war nicht allzu groß und dürfte äußerlich einen ungepflegten Eindruck gemacht haben. „Er hat immer etwas verwildert ausgesehen", überliefert uns der Fendl. Das war kein Wunder, denn er war

ja ständig nach seiner Tätigkeit als Klostermüller auf der Stör, also auf der Umfuhr, um defekte Mühlen zu richten. Häufig hat er da nur in der engen Mühlknechtstube genächtigt oder gar nur im Stadel. Aber ganz genau weiß das niemand.

Die Künstler, die in unserer Zeit den Mühlhiasl gemalt haben, stellen ihn meist mit nicht zu langem Bart, mit leicht gebogener Nase und entweder mit erhobenem Zeigefinger oder auf einen langen Stock gestützt, dar. So wird er wohl auch ausgesehen haben. Aber so haben viele ältere Wäldler vor 200 Jahren ausgeschaut. Jedenfalls hat er äußerlich nichts Außergewöhnliches an sich gehabt, denn sonst wäre uns dies sicher irgendwie überliefert worden.

# Die Sprache des Mühlhiasl

Hierzu schrieb Pfarrer Landstorfer treffend: „Seine Redeweise ist von kraftvoller Treffsicherheit und farbensatter Urwüchsigkeit, ausgesprochen natürlich in den breiten Kernlauten tiefster Waldvolksmundart, die sich leider ohne Kraft- und Saftverlust nicht ins Hochdeutsche übersetzen läßt."

Die Mühlhiasl-Prophezeiungen bringen für Dinge, die es zu seinen Lebzeiten noch gar nicht gab, treffende Umschreibungen, wie z. B. „der eiserne Hund, der von der Donau heraufbellt" für die Eisenbahn, die bekanntlich 1835 erstmals in Deutschland überhaupt verkehrte, oder der „Hochwald, der ausschaut wie des Bettelmanns Rock", wo der Mühlhiasl in eindrucksvoller Bildhaftigkeit darauf hinweist, daß eines Tages der Wald große Löcher bekommen wird. Und immer wieder hat der Mühlhiasl dazugesetzt: „Kein Mensch will's glauben!"

Doch nun ist es wohl an der Zeit, einmal aufzuschreiben, was dieser Wald-Prophet geweissagt hat, soweit uns dies überliefert ist. Ich beziehe mich dabei wie fast alle Publikationen auf die Niederschrift von Pfarrer J. Ev. Landstorfer von 1923, dabei sind die Prophezeiungen kursiv gedruckt im Gegensatz zu den für notwendig erachteten kurzen Erklärungen, die in normaler Schrift gesetzt sind.

13

# Die Prophezeiungen

Kernpunkt der Weissagungen ist das große Weltabräumen. Der Mühlhiasl gruppiert seine Prophezeiungen in drei Teile: Die Zeit vorher, und zwar in
Kleidung, Sitte, Wohnwesen, auch die klimatischen
und religiösen Anzeichen, dann folgt der Kernpunkt der Voraussagen, das eigentliche Weltabräumen, dann folgt die Zeit nachher. Hier schildert der
Waldprophet an einigen Beispielen die „große Ver-
heerung", geht eindrucksvoll auf den noch existie-
renden Viehbestand ein, denn zu dem Zeitpunkt,
als die Prophezeiungen gemacht wurden, war der
Viehbestand der Maßstab für das Wohlergehen
oder das Armsein, und schließlich folgen noch
Anmerkungen, wann dies alles stattfinden wird.

## Vorher:

*Eine Zeit wird kommen, wo die Welt abgeräumt wird
und die Menschen wieder weniger werden. Das wird
der Fall sein,*
*wenn die Bauern mit gewichsten Stiefeln in die Mist-
statt hineinstehen,*
*wenn sich die Bauernleut' g'wanden wie die Städti-
schen und die Städtischen wie die Narren,*
*wenn erst die Rabenköpf kommen,*
*wenn die Mannerleut rote und weiße Hüte aufsetzen,*
*wenn die farbigen Hüte aufkommen,*
*wenn die Leut' rote Schuhe haben,*
*wenn auf den Straßen Gäns daherkommen –*
*nachher ist es nicht mehr weit hin!*

Mit den Rabenköpfen waren die schwarzen Kopftücher gemeint, die sich nach 1860 im Bayerischen Wald von Österreich her einbürgerten.

*Das wird der Fall sein,*
*wenn die Leut' nichts mehr tun als fressen und saufen,*
*schlemmen und dämmen,*
*wenn auch die Bauernleut' lauter Kuchen fressen,*
*wenn d' Bauernleut' Hennen und Gänse selber fressen,*
*wenn sie alle Grenzsteine umackern und Hecken aus-*
*hauen,*
*wenn alle Bauern politisieren,*
*nachher ist die Zeit da.*

Wenn die Bauern nur noch fressen und saufen, also wenn sie nichts mehr arbeiten wollen. Für Grenzsteine wird in der Landstorferschen Niederschrift der Ausdruck „Awanter" verwendet, für Hecken das mundartliche „Stauern".

*Wenn die schwarze Straß' von Passau heraufgeht,*
*wenn die schwarze Straß', die eiserne Straß' über die*
*Donau herüberkommt und ins Böhm hineinläuft,*
*wenn der eiserne Hund auf der Donau heraufbellt,*
*wenn die Leut' in der Luft fliegen können,*
*wenn die Wägen ohne Roß und Deichsel fahren,*
*wenn die meisten Leut' mit zweiradeligen Karren fah-*
*ren, so schnell, daß kein Roß und kein Hund mitlaufen*
*kann,*
*nachher steht's nimmer lang an.*

Die schwarze, die eiserne Straß', damit war die Eisenbahn gemeint, welche ab 1875 von Straubing über Bogen in den Wald hinein gebaut wurde. In Hunderdorf soll der Mühlhiasl auf den Meter genau den Verlauf der späteren Eisenbahn vorausgesagt haben.

„Dann ist's nicht mehr weit hin!"

Doch weiter mit den Weissagungen:

*In der Stadt werden fünf- und sechsstöckige Häuser gebaut, überall werden Häuser gebaut wie d' Schlösser und d' Pfarrhöf, Schulhäuser werden gebaut wie die Paläste . . . für die Soldaten,*

*in Lintach wird alles voller Häuser und Lehmhütten angeschlöttet, aber nachher wachsen einmal Brennesseln und Brombeerdörn zum Fenster außer.*

*Wenn der Hochwald ausschaut, wie'm Bettelmann sein Rock,*

*wenn die kurzen Sommer kommen,*

*wenn man Winter und Sommer nicht mehr auseinanderkennt,*

*dann ist's nicht mehr weit hin.*

Lintach ist ein Dorf westlich von Hunderdorf. Wenn der Hochwald ausschaut wie des Bettelmanns Rock: Damals meinte der Mühlhiasl vielleicht die oft schonungslosen Abholzungen, vielleicht Orkane oder katastrophalen Schädlingsbefall, heute sind die Waldler überzeugt, daß er bereits das heutige Waldsterben vorausgesagt hat.

Doch es gibt auch religiöse Anzeichen für das große Weltabräumen:

*Zuerst kommen die vielen Jubiläen,*
*überall wird über den Glauben gepredigt, überall sind Missionen, aber kein Mensch kehrt sich mehr daran.*

*D' Leut werden erst recht schlecht, die Religion wird noch so klein, daß man's in einen Hut hineinbringt,*

*der Glaube wird so wenig, daß man ihn mit der Geißel vertreiben kann.*

*Übern katholischen Glauben spotten am meisten die eigenen Christen . . .*

*Recht viele Gesetze werden gemacht, aber werden nicht mehr ausgeführt.*

„Wenn der Wald ausschaut,
wie dem Bettelmann sein Rock!"

Und so wird es sich wirtschaftlich entwickeln:

*Gold geht zu Eisen und Stahl. Um ein Goldstück kann man noch einen Bauernhof kaufen,*

*das Holz wird noch so teuer wie der Zucker, aber g'langen tut's.*

*Einerlei Geld kommt auf. Geld wird gemacht so viel, daß man's gar nimmer kennen kann. Wenn's gleich lauter Papierflanken sind, kriegen die Leut' nicht genug daran. Auf einmal gibt's keines mehr.*

*Geld wird man also eines Tages aus Eisen machen, doch es wird keinen Wert mehr haben.*

*Wenn dies alles eintrifft, dann ist es soweit.*

Die Papierflanken haben die Ältesten unter uns noch erlebt in der Inflationszeit.


## Das große Weltabräumen!

*Dann kommt der große Krieg! Nach dem Krieg meint man, es ist Ruh', aber es ist keine.*

*Die hohen Herren sitzen zusammen und machen Steuern aus.*

*Nachher steht's Volk auf. Bald's angeht, ist einer über den anderen, raufen tut alles. Wer etwas hat, dem wird's genommen.*

*In jedem Haus ist Krieg. Kein Mensch kann mehr dem anderen helfen. Die reichen und noblen Leut' werden umgebracht, wer feine Händ' hat, wird totgeschlagen.*

*Der Stadtherr läuft zum Bauern aufs Feld und sagt: ,Laß mich ackern!', aber der Bauer derschlagt ihn mit der Pflugreut'n.*

Der Mühlhiasl soll auch gesagt haben: Durch einen kleinen Krieg geht's an, durch einen großen, der übers Wasser kommt, wird er gar. Und: Die Kleinen werden groß, die Großen klein. Der Mühlhiasl hat also die großen Klassenkämpfe vorausgesagt wie auch den Verlauf des Ersten Weltkriegs. Der Stadtherr will beim Bauern ackern, um unerkannt zu bleiben.

Und so wird der Krieg sein:

*Von Straubing auf den Pilmersberg (den Pilgramsberg bei Rattiszell) hinauf wird eine Straß' gebaut. Und auf der Straß' kommen sie einmal heraus, dieselben Roten, die Rotjankerl, die Rotkapperl.*

*Wenn sie aber einmal kommen, dann muß man davonlaufen was man kann, muß sich verstecken mit drei Laib Brot. Wenn man beim Laufen einen verliert, soll man sich nicht bücken, wenn man auch den zweiten verliert, soll man ihn auch hintlassen, man kann es auch noch mit einem aushalten.*

Wegen der Äußerung über die Rothosen wurde der Mühlhiasl sehr verlacht und die Leute meinten, ob er etwa die rotbehosten Franzosen meine. Aber darauf antwortete er stets: „Nein, die Franzosen sind's nicht, rote Hosen haben's auch nicht, aber die Roten sind's!"

Als Versteck empfahl der Mühlhiasl je nach der Gegend die Wälder im Perlbachtal und die Niederungen beim Buchberg, für St. Englmar die Käsplatte, für Bodenmais die Bergwerksstollen, für den waldlosen Gäuboden die Weizenmandeln.

*Auf d' Letzt kommt der Bänkeabräumer, eine alles hinwegraffende Krankheit.*

*Wer's überlebt, der muß einen eisernen Kopf haben. Die wenigen, die übrig geblieben, werden sich schutzsuchend in den Windberger Klostermauern versammeln.*

„Wenn man beim Laufen einen Brotlaib verliert,
soll man sich nicht bücken . . ."

# Nachher: Die große Verheerung

*Die Leute sind wenig. Grüßen tun's wieder „Gelobt sei Jesus Christus" und einer sagt zum anderen „Grüß Dich Gott, Bruder, grüß Dich Gott, Schwester!"*

*Auf d' Nacht zündet einer ein Licht an, schaut, ob noch jemand eines hat.*

*Wer eine Kronawittstaude sieht, geht drauf los, ob's nicht ein Mensch ist.*

*Ein Fuhrmann haut mit der Geißel auf die Erde nieder und sagt, da ist die Straubinger Stadt gestanden.*

*Das Bayerland wird verheert und verzehrt von seinem eigenen Herrn, am längsten wird's stehen, am schlechtesten wird's ihm gehen.*

*Wenn man am Donaustrand und Gäuboden eine Kuh findet, der muß man eine silberne Glocke anhängen, ein Roß, dem muß man ein goldenes Hufeisen hinaufschlagen, doch im Wald drin kräh'n noch Gickerl.*

(Kronawittstauden = Wacholder, Gickerl = Gockel)


# Was ist dann?

*Nachher, wenn die Welt abgeräumt ist, kommt eine schöne Zeit. Große Glaubensprediger stehen auf und heilige Männer. Die tun viele Wunder, die Leute glauben wieder. Vorher werden noch die „Waiz", die Geister verschafft. Nachher erscheinen wieder Geister und bringen die Leute zum Glauben.*

*Kein Mensch will's glauben!*

Wann kommt das? In Lintach sprach der Mühlhiasl mit dem Bognervater darüber, vielleicht um 1810. Dabei zog er den dabeistehenden Enkel des Bognervaters am Ohr und als dieser zu weinen begann, meinte er:

„Du bist beim großen Krieg nimmer dabei,
deine Kinder auch nicht, aber denen ihre Söhne
kommen gewiß dazu!"

„Du bist beim großen Krieg nimmer dabei, deine Kinder auch nicht, aber denen ihre Söhne kommen gewiß dazu." Die Enkel des damals weinenden Knäbleins waren später alle im Ersten Weltkrieg im Feld!

*„Kein Mensch will's glauben!"*

# Was der Mühlhiasl auch geweissagt haben soll

Der Mühlhiasl hat seine Prophezeiungen nicht selbst niedergeschrieben. Sie haben sich von Mund zu Mund im Volk überliefert. Die vorstehende Zusammenfassung ist also die von Pfarrer Landstorfer 1923 im „Straubinger Tagblatt" veröffentlichte Fassung. Natürlich gab es noch andere Mühlhiasl-Prophezeiungen, die von dieser Fassung etwas abweichen, was bei mündlichen Überlieferungen nicht ungewöhnlich ist. Selbst von den vier Evangelien des Neuen Testaments existieren keine Originalniederschriften der vier Evangelisten, und doch zweifelt niemand an dem Wahrheitsgehalt der Evangelien, deren erste Niederschriften im 2. und 3. Jahrhundert nach Christus erfolgten. Trotzdem unterscheiden sich die Evangelien der Heiligen Johannes, Matthäus, Markus und Lukas nur ganz wenig. Es liegt mir fern, die Evangelien und die Mühlhiasl-Prophezeiungen hier auch nur ein Quentchen in gleiche geistige Nähe zu rücken oder sie gar vergleichen zu wollen. Es geht mir nur darum, zu zeigen, daß von viel bedeutenderen Texten als den Mühlhiasl-Prophezeiungen keine originalen Niederschriften ihrer Urheber existieren.

So ist es natürlich auch kein Wunder, daß von den Mühlhiasl-Prophezeiungen teilweise anderslautende oder ergänzende Voraussagen existieren und seit langem unter den Waldlern von Mund zu Mund gehen. Hier einige der bekanntesten:

*Kurze Sommer werden kommen. Winter und Sommer wird man nicht auseinanderkennen, weil die Winter so warm und die Sommer so kalt sein werden.*

*Die Hoffahrt wird die Menschen befallen. Sie werden Kleider in allen Farben tragen und die Weiberleut werden daherkommen wie die Gäns' und werden sich spuren wie die Geißen.*

Mit dem „Spuren wie die Geißen" meinte der Mühlhiasl bereits vor 180 Jahren, daß die Frauen Schuhe mit ganz kleinen Absätzen tragen werden, die Spuren machen wie Geißen, also Stöckelschuhe mit Pfennigabsätzen.

*Wenn alles baut, nix wie baut wird, überall wird baut, ganze Reihen von Häusern. Die Leut' richten sich ein, als ob sie nimmer fort wollten von dieser Welt. Aber dann wird abgeräumt.*

*Die roten Häuser kommen auf, die schwarzen Kopftücher kommen wieder ab.*

Früher gab es im Bayerwald nur Stroh- und Schindeldächer.

*Wenn der silberne Fisch über den Wald kommt, dann steht's nimmer lang!*

Damit war der Zeppelin gemeint, der noch vor dem Ersten Weltkrieg über den Bayerischen Wald flog und bereits am 20. 12. 1870 landete bei Zwiesel ein französischer Fesselballon, 15 mal 25 Meter groß, der sich verflogen hatte.

*Soviel Feuer und soviel Eisen hat noch kein Mensch gesehen. Wer's überlebt, der muß einen eisernen Schädel haben. Zuletzt kommt der Bankabräumer.*

*Jeder wird einen anderen Kopf aufhaben und eines wird das andere nicht mehr mögen. Der Bruder wird den Bruder nicht mehr kennen und die Mutter die Kinder nicht.*

*Dann sitzt du vorm Wassergrandl und dich dürscht und du darfst das Wasser nicht trinken und sitzt vorm Brotlaib und dich hungert und du darfst nicht essen, es wär' dein Tod!*

*Lacht's nur, ich brauch' es ja nicht auszuhalten, aber euere Kinderkinder und die, die wo nachher kommen, die werden es schon glauben müssen. Tut's beten, daß der Herrgott auf Bitten Unserer Lieben Frau das Unglück abwendet. Mir glaubt's niemand, und doch ist's wahr!*

*Die Berge werden ganz schwarz sein von Leuten. In einem Wirtshaus an der Brücke werden viele Menschen beieinander sein — und draußen werden die Soldaten schon vorbeilaufen, so schnell kommen sie.*

*Es wird nichts helfen, wenn auch die Menschen wieder fromm werden und den Herrgott wieder hervorholen. Sie werden krank und kein Mensch kann ihnen helfen. Und dann schaut der Wald aus: Er wird Löcher haben wie des Bettelmanns Rock.*

*Nach dem Krieg meint man, daß Ruh' ist, ist aber keine!*

*Der strenge Herr wird nicht lange regieren. Vorher wird Geld aufkommen, da ist eine Fledermaus drauf, die läßt die Flitschen recht traurig hängen.*

*Dann wird ein strenger Herr kommen und ihnen die eigene Haut abziehen. Die Kleinen werden groß und die Großen klein. Wenn aber der Bettelmann aufs Roß kommt, kann ihn der Teufel nicht derreiten.*

*Wenn sie in Straubing an der großen Brücke über die Donau bauen, wo wird sie fertig, aber nimmer ganz. Dann geht's los! Das Bayerland wird verzehrt und verheert und ausgezehrt von seinem eigenen Herrn.*

*Auf dem Kirchturm von Zwiesel wird ein Baum wachsen. Wenn der Baum so lang ist wie eine Fahnenstange, dann ist die Zeit da.*

Als die Linde auf dem Kirchturm etwa zwei Meter hoch war, begann 1939 der Zweite Weltkrieg.

Sogar über die Umstände seiner Beerdigung soll der Mühlhiasl Voraussagen gemacht haben: „Wenn ich einmal gestorben bin, komme ich euch doch noch einmal aus!" Wirklich, bei der letzten Fahrt im Sarg auf einem Ochsenwagen scheuten die Ochsen, ein Wagenrad brach, der Wagen stürzte um und der Sarg kollerte den Abhang hinunter. Dabei ging der Sargdeckel auf und der Leichnam des Mühlhiasl fiel ins Gras. So ging die Prophezeiung des Mühlhiasl über die Umstände der Beerdigung in Erfüllung.

Wer strenge Maßstäbe anlegt, dem kommen sicher hier berechtigte Zweifel. In fast allen Mühlhiasl-Büchern kommt die Stelle vor, wie der Waldprophet vorhergesagt hat, daß er noch nach dem Tode „ihnen auskommen" werde und daß tatsächlich sein Sarg vom Leichenwagen gerutscht ist und der tote Mühlhiasl herausfiel. Hier fragt man sich: Woher weiß man das so genau?

Tatsache ist, daß bisher niemand weiß, wann und wo der Mathias Lang, genannt Mühlhiasl, gestorben ist und begraben wurde. Alles Suchen vieler Mühlhiaslforscher in den Sterbebüchern der Bayerwaldpfarreien war bisher vergebens. Bei den einen soll er nach der Überlieferung in Achslach gestorben sein, bei anderen in St. Englmar. So mag es schon stimmen, daß der Mühlhiasl uns nach seinem Tode doch noch einmal ausgekommen ist.

*,,Und noch im Tode komm' ich euch aus!"*

# Der Mühlhiasl – ein Phänomen

In Bayern gibt es keine Prophezeiungen von ähnlich breiter Bekanntheit und tiefgreifender Wirkung auf die Menschen wie die des Mühlhiasl. Man kann ohne Übertreibung sagen: Der Mühlhiasl wurde durch seine Prophezeiungen zum bekanntesten und berühmtesten Waldler, der je gelebt hat. Was dabei wirklich erstaunlich ist: Er ist dies unentwegt seit beinahe zweihundert Jahren.

Wenn man berücksichtigt, daß über das Erdenleben dieses Mannes noch zahlreiche und bedeutsame Fragen ungeklärt sind und wohl auch bleiben werden, so ist das um so erstaunlicher. Die Prophezeiungen des Mühlhiasl sind uns zudem nur in mündlichen Überlieferungen erhalten geblieben, in eigenartig-kräftiger bildreicher Sprache, in Wortbildern, die heute allgemeiner Sprachschatz sind. Es besteht kein Zweifel: Der Mühlhiasl ist ein Phänomen!

In den nächsten Kapiteln werden wir uns auch mit dem Stormberger beschäftigen, dessen Prophezeiungen im Text gleichlautend mit denen des Mühlhiasl sind. Bei diesem zweiten Waldpropheten verhält es sich ähnlich wie beim Mühlhiasl: Erst über hundert Jahre nach seinem Tod etwa sind seine Weissagungen gedruckt erschienen.

Die Prophezeiungen des Mühlhiasl wurden erstmals 1923 von Pfarrer Johann Evangelist Landstorfer gedruckt veröffentlicht, die des Stormberger 1925 in Zwiesel. Paul Friedl, der Baumsteftenlenz, hat letztere zusammengestellt, nachdem er bereits 1919 unter dem Eindruck des verlorenen Krieges und der damaligen Notzeiten in einem Zeitungsartikel im Münchner Zeitungsblock, der aus der „Münchner Zeitung" und der „Bayerischen Zeitung" bestand, in einer Beilage diese Stormberger Prophezeiungen behandelt hatte.

Diese Stormberger Prophezeiungen von Paul Friedl erschienen 1930 in Zwiesel zum zweiten Mal und wurden als kleine Heftchen mit grünem oder rotem Umschlag besonders im Mittleren Bayerischen Wald viel verkauft.

Und die Zeit zum Ende der 20er Jahre war es auch, wo die Prophezeiungen der Waldpropheten besonders diskutiert wurden. Immer mehr beschäftigten sich Schriftsteller mit dem Mühlhiasl wie zum Beispiel Franz Schrönghamer-Heimdal. Doch dann gerieten die Prophezeiungen im „Dritten Reich" sogar in die Mühlen der Politik, was offensichtlich erst möglich war, als die Prophezeiungen gedruckt vorlagen und somit faßbar geworden waren.

War der Mühlhiasl nun ein Prophet, ein Weissager oder ein Hellseher? Propheten gibt es schon im Alten Testament. Das waren meist Männer, welche religiöse Voraussagen machten, Vorhersagungen auf Gott hin. Elias war ein Prophet und auch Mohammed. Weissagungen dagegen befassen sich mehr mit weltlichen Ereignissen, die sich in der Zukunft abspielen sollen oder werden. Hellseher dagegen sind Menschen, welche aktuelle Dinge ergründen können, welche hinter Ereignisse und Vorkommnisse blicken und auch in oder hinter verschlossene Sachen sehen können. Es muß sich bei der Hellseherei nicht unbedingt um Zukünftiges handeln. So soll Hitler 1943 den Aufenthalt seines Waffenbruders Benito Mussolini im Kloster auf dem Monte Cassino in Süditalien von einem holländischen Hellseher erfahren haben, den man zu Rate zog. Bewerten wir die Geschichte des Mühlhiasl einmal unter diesen Gesichtspunkten, so muß man sie wohl zu den Prophezeiungen und Weissagungen rechnen, weniger zur Hellseherei.

Prophezeiungen und Weissagungen sind dann besonders gefragt, wenn es uns schlecht geht, wenn die persönlichen, wirtschaftlichen und politischen Verhältnisse unstabil sind. Gerade dann wollen wir einen Blick in die Zukunft werfen, gerade dann interessiert es uns brennend, wie es weitergeht, was auf uns zukommt. Das war bei den Prophezeiungen der Waldpropheten ebenso, die besonders in den Kriegen 1870/1871 und 1914–1918, in der Inflation, im großen Wirtschaftskrach Ende der 20er Jahre, während der Nazizeit und natürlich zuletzt während der Katastrophe im russischen Kernkraftwerk Tschernobyl Hochkonjunktur hatten.

„Der Wald wird ausschauen wie des Bettelmanns Rock!" Wer denkt da nicht unwillkürlich an das Waldsterben unserer Tage?

„Alte Grenzsteine werden umgeackert und die Hecken herausgehaut!" – Damit habe der Mühlhiasl die Flurbereinigung gemeint, sagte mir ein Waldler.

„Das Bayerland wird verheert, das Böhmerland wird ausgezehrt!" – Wer dächte da nicht an einen Atomkrieg, wie auch bei dem Mühlhiasl-Spruch: „Da ist einmal ein Fuhrmann gestanden und hat mit der Geißel auf die Erde geklopft und hat gesagt: ‚Da ist einmal die Straubinger Stadt gestanden'!"

Wer dächte nicht an die Verseuchung unserer Umwelt nach der Katastrophe von Tschernobyl, wenn er den Mühlhiasl-Ausspruch liest: „Dann sitzt du vorm Wassergrandl und dich dürscht und du darfst das Wasser nicht trinken und sitzt vorm

Vision des Mühlhiasl: „Das Bayerland wird verheert,
das Böhmerland wird ausgezehrt!"

33

Laib Brot und dich hungert und du darfst nicht essen, es wär' dein Tod!"

Und wenn der Mühlhiasl übers Geld sagt: „Wenn's gleich lauter Papierflanken sind, kriegen die Leut' nicht genug daran. Auf einmal gibt's keine mehr!" Wer dächte nicht an die Inflation bis 1923, vielleicht auch an den Börsenkrach 1929 und die Aktienbaisse 1987? Auf einmal gibt's keine mehr! Könnte das der Kommunismus sein, der in seiner Endform das Geld abschaffen will?

Und was soll man von dem Spruch halten: „Wenn man auf dem Berg steht, wird man im ganzen Land kein Licht sehen!" Ist das die Endzeit?

Prophezeiungen und Weissagungen sind uralt. Der Apostel Johannes, der von 81 bis 96 n. Chr. auf die Insel Patmos verbannt worden war, soll dort von Jesus Christus die Geheime Offenbarung mitgeteilt bekommen haben.

Darin kommt ein Endgericht vor, dem sich die Göttliche Vollendung anschließt, Mitteilungen, die nur schwer und oft recht unterschiedlich erklärt werden können. Doch auch beim Mühlhiasl kommt das „Große Weltabräumen" vor, nach dem wird man sich aber wieder mit „Gelobt sei Jesus Christus" grüßen!

Wie war die Zeit, als der Mühlhiasl lebte? Die Schwelle vom 18. zum 19. Jahrhundert wird gern als Vormärz, als vorrevolutionäre Zeit bezeichnet. Darüber und über den Mühlhiasl urteilt Professor Benno Hubensteiner in seiner „Bayerischen Geschichte" in einem Absatz treffend so:

„Es war in dieser Zeit des späten 18. Jahrhunderts, daß der berühmte Mühlhiasl von Apoig durch die Bauernstuben des Gäubodens und des Böhmerwaldes ging. Die aufgeklärten Prämonstratenser von

Windberg jagten zwar den sonderlichen Mann kurzerhand zum Kloster hinaus, aber in den Dörfern und Einöden war er überall daheim und wohlgelitten. Und . . . überall fühlte er sich gedrängt, in seltsam bildhafter Sprache von den künftigen Zeiten zu reden. Im letzten aber gingen alle seine Prophezeiungen immer wieder auf dieselbe schlichte Bauernweisheit hinaus: daß es nicht gut enden könne und der „Bänk-Abräumer" nimmer weit sei, wenn man einmal gänzlich abfiele von Vätersitte und Väterbrauch. In der hintergründigen Gestalt des Mühlhiasl von Apoig verdichtet sich mitten in der Aufklärungszeit die beharrende Kraft des bayerischen Stammes zu symbolhafter Größe. Und was das lebendige Weiterwirken bis zum heutigen Tag anlangt, so kann sich kein einziges gedrucktes Buch der bayerischen Aufklärung mit dem gesprochenen Wort des Mühlhiasl messen."

Heute gibt es für fast alle Prophezeiungen und Weissagungen des Mühlhiasl eine Erklärung dafür, was er gemeint hat oder haben könnte.

Bezieht man das Geweissagte auf die heutige Zeit, so ist Gott sei Dank manches noch nicht eingetroffen. Denn der Höhepunkt, das „Große Bänk-Abräumen", der „Weltabräumer", der steht uns noch bevor. Und es wird vielleicht einmal niemand da sein, der feststellen könnte, ob der Mühlhiasl auch in diesem Punkt recht hatte oder nicht!

# Der Stormberger und seine Prophezeiungen

Der Mühlhiasl ist nicht der einzige Waldprophet, es gibt noch einen zweiten, den Stormberger. Allerdings weiß man nicht genau, heißt er Starnberger, Stormberger oder Sturmberger. Um diesen Waldpropheten hat sich besonders der Zwieseler Volkskundler Dr. Reinhard Haller verdient gemacht. Belegen wir ihn hier der Einfachheit wegen mit nur einem Namen, nämlich dem gebräuchlichsten, das war „Stormberger". Wer war dieser Stormberger?

Leider weiß man über ihn sehr wenig, ja fast gar nichts. Ein Stormberger taucht in amtlichen Urkunden nie auf. Angeblich soll man noch in keinem Pfarrmatrikel im Bayerischen Wald diesen Namen gefunden haben. Reinhard Haller hat nun 1959 in Rabenstein einen „Schreibkalender" geschenkt bekommen, in dem der Name „Starnberger" vorkommt. Der Hüttenschreiber der Deffernik-Hütte hat in einer Aufschreibung von 1766 über die zu dieser Glashütte angelieferte Flußmenge, das war die Pottasche, vermerkt: „den 18. Jenner Starnberger – 444 Pfund: den 25. Jenner Starnberger – 380 Pfund: den 1. Februar Starnberger – 365 Pfund:" (Im Original ist für Pfund das Pfundzeichen gesetzt.)

Diese von Haller als „Schreibkalender" bezeichnete Aufschreibung ist das, was wir heute ein Hüttenjournal nennen würden. Darin wurden sicher alle Ein- und Ausgänge eingetragen. Vermerkt waren aber nur die Tage, an denen auch Geschäftsvorgänge entstanden, nicht alle Tage in chronologischer Reihenfolge. In den gleichen Aufzeichnungen taucht in einer Bierrechnung noch ein „Starnberger Bue" auf, der eine halbe Maß Bier bekommen hat.

Also: Einen Starnberger und bzw. oder einen Starnberger Bue gab es 1766 in der Gegend von Rabenstein. Leider konnten bisher in den Zwieseler Kirchenbüchern, soweit diese vorhanden sind, diese Namen nicht entdeckt werden. Es taucht auch kein anderer, artverwandter Name auf, wie Stormberger oder Sturmberger. So ist die Frage bedeutsam: Seit wann gibt es die Stormberger-Prophezeiungen?

Nach der Überlieferung soll der Stormberger ein Findelkind gewesen sein. Manche sprechen von ihm als von einem Hüter oder Hirten, zudem soll er Aschenbrenner gewesen sein. Dies untermauern auch die Eintragungen in dem Hüttenjournal von 1766. Von den Stormberger-Prophezeiungen existieren mehrere Handschriften. Die älteste ist die sogenannte „Bodenmaiser Handschrift", die mit „1706" datiert ist, was aber nicht stimmen kann, denn erst 1766 taucht der Starnberger in dem Hüttenbuch auf. Dr. Haller hat mir vor Jahren eine Ablichtung dieser Bodenmaiser Handschrift gegeben. Sie umfaßt drei handgeschriebene Seiten im Format 21,5 cm breit zu 35 cm hoch. Am Ende ist sie unterzeichnet: *„1706 Andre Schweickl"*. Dieser Niederschrift ist noch ein viertes gleichgroßes Blatt beigegeben, wo ein „Josep Bauer" seinen Namen schwungvoll an den linken Rand setzte, während ein Georg den Nachsatz unterschrieb, der so lautet: „Jäzt ist Eine Böse Zeit alt Vill geliebter Vater und Mutter ich hofe es werden Euch diese und meune Bahr Zeullen ein gutte Gesundheit unter treffen, Georg". Ganz unten hat dann noch ein „Joseph" unterschrieben, dessen Namenszug sich aber grundsätzlich von dem des „Josep Bauer" unterscheidet.

Wichtig ist, was der Stormberger prophezeit hat. Hier der Wortlaut der „Bodenmaiser Handschrift":


# Denkwirdige Profezeiung.

Von den alten Starnberger Hütter in Romstein, Meine liebn leith sagt dieser man. Wissen was in der Zeit hundert Jahrn Vor Bey girn so wirdet ihr äich Ver wundern. Es werden in aller orden Neue einrichung da. Doch die alten wurden Vill Besser sein die Alte kleiter Dracht wird ab kammern und in allen Städen wird es auf die Neue ardt sein der Purger wird sich Von den Baurn und der ädtl mann Von den Purger nicht mer kleiten konen und der allte wird sich in eine Baurn und Nahrn drach Vorendern. die weibsbillder werden sich mit Ihren schuhen gespiren wie die ziegen oder geis und da bey die Geschäckerte Dracht wird Hoch geachtet werden.

weithers werden hier in wald grosse heuser wie die Pallast Gebaudt werden und mit der zeit wieder zu nichts werden sogar das in manchen ficks und hasn Ihre Jungen dar in aus zigen und die leith werden sich Verlauffen ohne hunger und ohne sterb, es werden auch die grossen Herren in die wilde welder komen und selbe besichtigen.

Und dar nach wird es, aber nicht mer gut werden es wird auch zu Zwiesl ein groses gebey gebaudt werden und wird auch dabei Ville Verwunderung sein, dises wird aber nicht lang dauern und wird wider zu nichts werden lieber Freind so rede doch weider und wan ich schon reden wurd so wirde mann mir nicht glauben und der hochmuth wird in allen Städten ein reissen und kein mensch wird mer nach seinen standt leben dar nach wird sich ein grosser krieg erheben und wird aufwerths gehen

*Ausschnitt aus der „Bodenmaiser Handschrift",*
*2. Seite.*

und wird Ville blut und leith kosten der Peyer first
wird zwar nicht kriegen und doch sein land mit
lauder durch zieg saubern. Ver derbt werden dieser
krieg wird Eine lange zeit dauren dar nach get es
auf ein mahl zu rich und wird ibel aus schauen ein
straim neben dem Pemer wald wird bleiben wo
mann den grösten sturm mit 3. laib Brod über leben
kann wan mann es hat wan aber einer in lauffen
aus der Handt falt so las in ligen es gloken 2. auch
und wer nebst den Danauer straim ein kuch findt
der sol man eine silberne gloken an hengen und die
leith werden sich Verlauffen hunger und sterb wo
laufen sie dan hin Ihre nahrn in die gutten lender
die in dem krieg Eth geworden sind und wo nie
man mer da sey darnach werden erst euere Heusser
zu Viks und wolf Hitten werden her nach widerum
Eine liebe des Nägsten unter dem menschen gehal-
ten werden und was es noch gibt so wird es durch
aus besser werden es wird sich unter die zeit ein-
grose theuerung erheben und wan alles am högsten
gestigen ist dar nach wird es auf ein mahl fallen
und wird schlegt geachtet sein es wird auch eine
neue liebe des negsten under den menschen sein
wer es aber über lebt der mus ein eisern Kopf
haben ich iber lebs nicht gott giebs das ich es nicht
erleb aber ihr meine kinder kendt es iber leben.
Darnach werden neue strasen durch wilde Perg
und Deller gemacht werden das Manns auf zwey
stundt weith sehen kann und an allen orden
grosser.

auf geng angeworden werden wer nur die zeit iber
lebt hernach wird es wider gut werden und hernach werden die leith wider froh sein wan eines
das ander sigt und die Leith werden so wenig sein
das man es leicht zehlen kan die geistlichen werden
schlegt geachtet sein und der katholische glauben
wird Ville feind haben. *1706* Andre Schweickl.

Man merkt es dieser Handschrift an, daß sie von einem im Schreiben nicht sehr geübten Mann niedergeschrieben wurde. Ist diese Prophezeiung noch verhältnismäßig kurz gefaßt, jedenfalls kürzer als die Mühlhiasl-Prophezeiungen von Pfarrer Landstorfer, so nähert sich die sogenannte „Tittlinger Handschrift" des Lehrers Franz Xaver Westermayer in Länge und Inhalt den Mühlhiasl-Prophezeiungen von Pfarrer Landstorfer schon viel mehr oder auch ungekehrt. Sie wird etwa in das Jahr 1830 gelegt und ist in 22 Abschnitte eingeteilt. Einige dieser Abschnitte sind in der Bodenmaiser Handschrift nicht enthalten, so z. B. die Nr. 15, welche in der Tittlinger Handschrift so lautet: „Der Katholische Klauben, wird sich gänzlich verlihren. Die Geistlichkeit, wird recht schlecht geachtet sein, sie werden nach ihrer Lebens Art, keine Achtung verdienen. Wenig gute Christen wird man unter den Leuten fünden, von Adl bis zu den gerinsten Taglöhner, werden die Gebothe Gottes nicht mehr geachtet werden, man wird die Grösten ungerechtigkeiten für keine Sünde haben." Diese Prophezeiung fehlt in der Bodenmaiser Handschrift.

Am Schluß der Tittlinger Handschrift meint der Starnberger, daß er jetzt 105 Jahre alt sei und daß es bald zu Ende gehen werde. Seine Kinder werden es nicht erleben, aber seine Endl, also Enkel. Hier gibt es auch Unstimmigkeiten, denn einmal soll der Stormberger ein Einsiedler gewesen sein, dann wieder ein Vater mit mehreren Kindern. Immerhin existieren von den Stormberger-Prophezeiungen mehrere unterschiedlich datierte Handschriften. Sei es wie immer: Die Mühlhiasl-Prophezeiungen und die Stormberger-Prophezeiungen sind in Aufbau und Aussage gleich. Zwangsläufig ergibt sich daraus die Frage: Sind die beiden Waldpropheten identisch? Oder sind sie zwei verschiedene Personen?

# Vieles spricht für den Mühlhiasl

In den im Jahre 1879 in Regen erschienenen „Historischen Notizen aus dem Bezirke Regen" hat deren Verfasser, Johann Nepomuk Zöllner, nach Dr. Haller als erster, dem Hirten und Aschenbrenner „Starnberger oder Steinberger" aus Rabenstein die Gabe der Prophetie zugesprochen. Bei dieser Anmerkung erscheint die Bezeichnung „oder Steinberger" nicht ohne Bedeutung, wie wir noch sehen werden.

Lassen wir einmal alles weg, was an Theorien und Thesen über den Mühlhiasl und den Stormberger bisher aufgestellt wurde, sondern halten wir uns nur an Fakten. Dann ergibt sich folgendes:

Es ist unzweifelhaft, daß der Mühlhiasl der Matthias Lang war, der in Apoig die Klostermühle vom Kloster Windberg gepachtet hatte und später als Mühlenrichter umherzog. Für diesen Mann gibt es mehrere Beweise seiner Existenz, und zwar vom Geburtsregister angefangen, wo er zwar noch „Matthäus" genannt wird, bis hin zu seiner Hochzeit, seinen acht Kindern und sogar in den Klosteraufschreibungen ist er 1799 genannt. Damals hat man ihn ins Kloster gerufen, weil wegen einer Visitation alle Klosterangehörigen verhört wurden. Diese Visitation hatte die Abdankung des Abtes Joachim Eggmann zur Folge. Das Verhörprotokoll, in dem Mathias Lang ebenfalls aufgeführt ist, liegt im Staatsarchiv Landshut, Klosterliteralien Windberg Faszikel 838.

Kurz vor seiner Entlassung aus dem Klosterdienst Mitte 1801 wurde der Mathias Lang, den man offiziell mit Doppel-t schreiben müßte, der aber meist mit einfachem „t" geschrieben wird, ins Kloster gerufen, um vor dem Konvent Gelegenheit zur Rechtfertigung über die ihm zur Last gelegten Verfehlungen zu haben. Dem Vorwurf, er habe schlechtes Mehl ans Kloster geliefert, begegnete er danach mit der Einlassung, Stiftskastner Pater Norbert von Asch habe ihm nur schlechtes und wurmiges Getreide geliefert, daraus könne er kein gutes Mehl mahlen. Das half aber nichts, der Mühlhiasl wurde entlassen. Darauf soll der Mühlhiasl dem Konvent gesagt haben: „Gut, ich geh', aber ihr müßt's alle laufen!" Dieses Zitat ist schon lange im Volk verbreitet.

Eine Prüfung der Bodenmaiser Handschrift der Stormberger Prophezeiungen hat ergeben, daß diese mit „1706" datierte Schrift keinesfalls schon zu diesem Zeitpunkt niedergeschrieben worden ist. Mit wissenschaftlichen Methoden kann man heute das Alter eines Schriftstücks ziemlich genau bestimmen, wobei Schriftart, Wortwahl, Papierzusammensetzung, Art der Tinte und anderes beurteilt werden. Das geht bis hin zu Isotopen-Zerfalltests für die dabei verwendeten organischen Stoffe. Nach einer Mitteilung des Bayerischen Staatsarchivs in München stimmt das Jahr als Zeit der Niederschrift für die Bodenmaiser Handschrift nicht. Hier hat der Schreiber rückdatiert. Anzunehmen ist, daß diese Niederschrift aus der ersten Hälfte des 19. Jahrhunderts stammt, vermutlich bis etwa 1820.

Man könnte auch vermuten, daß die Jahreszahl 1706 vielleicht 1766 heißen sollte, wo der Starnberger mit der Deffernikhütte in Verbindung war. Dieser Ansicht bin ich nicht, da bei der Jahreszahl 1706 die beiden letzten Zahlen ganz charakteristisch auseinandergeschrieben und abgesetzt sind und keinerlei Ähnlichkeit miteinander aufweisen.

Jedenfalls, da bin ich mit Dr. Haller einig, einen Starnberger hat es in oder um Rabenstein gegeben. Ob er allerdings der Stormberger mit den Prophezeiungen ist, erscheint fraglich.

Aber wie könnte der Mühlhiasl von Windberg als Stormberger nach Rabenstein kommen? Von zahlreichen Theorien erscheinen mir zwei bedeutsam, die nicht ohne weiteres von der Hand zu weisen sind.

Theorie Nr. 1: Sie stammt von dem Straubinger Journalisten und Schriftsteller Dr. Rupert Sigl. Sigl geht bei seiner Theorie mundartlich vor, was für die damalige Zeit naheliegend ist. Seine These lautet: Die Mühle Apoig gehörte früher zur Gemeinde Steinburg bei Hunderdorf. Dieses Steinburg hat früher nachweislich Steinberg geheißen. So bezeichnet Matthäus Merian 1657 seinen Stich mit „Stainberg" und der 1718 verstorbene Michael Wenig die Ansicht des Steinburger Schlosses mit „Steinberg". Zur Zeit des Mühlhiasl war es üblich, daß man sich in der Fremde der Einfachheit wegen nach seiner Ortsherkunft nannte, also ich bin der „Amberger" oder der „Straubinger". Der Mühlhiasl wird wohl beim Mühlenrichten sich auch als „Steinberger" oder im Dialekt als „Stoaberger" bezeichnet haben. Daraus könnte dann der Stormberger geworden sein. Auffällig ist, daß Johann Nepomuk Zöllner 1879 von einem Starnberger „oder Steinberger" spricht, was diese These untermauern würde.

Theorie Nr. 2: Sie lautet: Mühlhiasl und Stormberger sind identisch, also ein und dieselbe Person. Hierzu liefert Pater Backmund einen fast schlüssigen Beweis, nämlich: Als Mathias Lang Klostermüller in Windberg war, amtete als Klosterkastner von 1795 bis 1800 Pater Blasius Pfeiffer. Als das Kloster

Windberg bei der Säkularisation 1803 aufgehoben wurde, mußte Pater Blasius Pfeiffer Windberg verlassen. Wir wissen, daß er von 1816 bis 1819 Schloßkaplan in Kollnburg, dann 1821 Kooperator in Bodenmais war. Von 1826 bis 1828 war er Schloßkaplan in Rabenstein, wo er am 17. März 1828 starb. Auffällig ist, daß zwei Jahre nach seinem Tod in Rabenstein die erste „Stormberger Prophezeiung" auftauchte. Dies war eine Handschrift, die Heribert Westermayer im Dezember-Heft 1932 der Zeitschrift „Der Bayerwald in Vergangenheit und Gegenwart" unter dem Titel „Die 100 Jahre alte Prophezeiung eines Hundertjährigen" veröffentlichte. Diese Schrift ist die „Tittlinger Handschrift", die Lehrer Franz Xaver Westermayer im Raum Tittling in einem Wirtshaus erstanden hat und die heute in Landshut sein soll. Pater Backmund stellt nach all dem fest: Die Mühlhiasl-Prophezeiungen sind wohl durch Pater Blasius Pfeiffer in den Raum Bodenmais-Rabenstein-Zwiesel gebracht worden und wurden dort als „Stormberger-Prophezeiungen" bekannt. Wenn man dazu noch die Sigl-These vom „Stoaberger" dazunimmt, der sich zum Stormberger gewandelt hat, so paßt das.

Doch wie gesagt: Das sind Thesen, Vermutungen, die sich aber leider nicht beweisen lassen. Sie sind aber zwingender als die These, daß es sich bei den beiden Propheten um zwei verschiedene Männer handelt, die eben völlig Gleichlautendes geweissagt hätten.

# Wer war der Stormberger?

Wurde er als Findelkind von Bärentreibern im Wald ausgesetzt? War er Aschenbrenner oder Viehhirte? Ist er allein und ledig im Wald unter dem gleichen Baum gestorben, wo man ihn hundert Jahre vorher fand? Ist sein Sarg in Zwiesel auf einer Brücke nochmals vom Leichenwagen gerutscht und der Tote herausgeflogen? Hat man ihn dann am Zwieseler Friedhof beigesetzt? Oder hat man ihn gleich im Wald begraben? Es würde zu weit führen, all das aufzuzählen, was über Geburt und Tod des Stormberger im Zwieseler Winkel in Umlauf ist. Niemand konnte bisher einen schriftlichen Nachweis für all diese Behauptungen führen.

In der Tittlinger Handschrift, die etwa Mitte des vorigen Jahrhunderts verfaßt worden ist und die weitgehend mit den Prophezeiungen des Mühlhiasl übereinstimmt, wird eingangs der „Starrenberger" als Viehhirt und Aschenbrenner bezeichnet und am Schluß steht der Hinweis, daß er, der Stormberger, bereits 105 Jahre alt sei. Seine Urenkel werden das einmal erleben, was er prophezeit habe. Dieser Hinweis steht im Widerspruch zu der allgemeinen Behauptung, der Stormberger sei unverheiratet und kinderlos gewesen. Daher will ich mich hier nicht mit weiteren Mutmaßungen befassen.

Der Stormberger bleibt uns weitaus rätselhafter als der Mühlhiasl, der immerhin in einigen Urkunden und Aufschreibungen rund um die Apoig-Mühle und das Kloster Windberg erscheint.

# Erstdruck der Stormberger Prophezeiung

In Zwiesel lebte früher der weithin bekannte Buch- und Schreibwarenhändler Ludwig Pongratz, der 1931 verstarb. Seine Tochter Ida heiratete in die Buch- und Schreibwarenhandlung Högn nach Deggendorf und Andreas Högn, der jetzige Seniorchef dieses renommierten Unternehmens, weiß von seinem Großvater Ludwig Pongratz noch allerhand in diesem Zusammenhang Wissenswertes zu berichten. Dieser konnte natürlich in den schlechten 20er Jahren vom Buchverkauf in Zwiesel allein nicht leben. Er fuhr daher weit herum zu den Märkten im Waldland. Er war regelmäßig auf den Hirmonskirchweihen und natürlich auch auf den Deggendorfer Märkten.

Einmal, am Birnmarkt am 4. Sonntag im August, hatte er ganz vorn die eben eingetroffenen neuen Kalender für das nächste Jahr ausgelegt. Da kam eine alte Waldlerin und fragte, was die Kalender denn kosten? Der Pongratz Wigg gab bereitwillig Auskunft: „Döi kloana 25 Pfenning, dö do dreißge und die größern a Fuchzgerl!" Darauf die Bäuerin: „Oh mei, san dö teia!" „Ja, guate Frau, nehmts holt a Dutzand, da sans dann billiga!" Darauf die Frau: „Na guat, dann deans halt a Dutzand her, dann hob i nimma jedes Johr die Rennerei nach an neia Kolenda!"

Beim Gnad-Markt hatte Ludwig Pongratz eine ganze Reihe kitschig-schöner und buntest bedruckter Hergottbilder aufgelegt. Ein alter Bauer wollte für seinen Hergottswinkel eines erstehen und erkundigte sich nach dem Preis. Und der Pongratz Ludwig zählte sie auf: „Also, dö doda, dö kloana, dö kost'n a Fuchzgerl, die größeren Herrgotten doda 75 Pfenning und die ganz groußen mitsamt dem Rahma zwoa und drei Mark!" Da kratzte sich der Waldler hinter dem Ohr und meinte, die Herrgottbilder musternd: „Jessas, Jessas, san dö Tuifeln teia!"

Diese beiden Erzählungen haben an sich nichts mit dem Stormberger zu tun. Und doch! Sie zeigen, daß der Ludwig Pongratz aus Zwiesel einer war, der weit im Waldland herumkam und sich mit unzähligen Waldlern unterhalten hat. Sicher haben diese auch immer wieder von den Waldpropheten gesprochen und sich nach diesen erkundigt. Das mag Anlaß dafür gewesen sein, daß Ludwig Pongratz und Paul Friedl die erste gedruckte Stormberger Prophezeiung herausbrachten. Sie erschien 1925 erstmals in Zwiesel und im Januar 1930 zum zweiten Male. Unter dem Titel stand: „Der Nachwelt erhalten von Paul Friedl", der sich damals noch nicht „Baumsteftenlenz" nannte, und darunter: Zu beziehen durch: Buchhandlung Ludwig Pongratz.

Andreas Högn aus Deggendorf weiß zu berichten, daß sein Großvater diese Prophezeiungen in großer Zahl verkauft hat. Während der Nazizeit kam einmal ein Polizist in seinen Laden und verlangte die Stormberger Prophezeiung. Als ihm die Verkäuferin das Gewünschte gab, fragte der Polizist weiter, ob sie noch mehrere davon hätte, was diese bejahte. Daraufhin erklärte der Polizist, daß er geschickt worden sei, um alle diese Stormberger Prophezeiungen zu beschlagnahmen. Sagte es, packte die Heftchen mit den Prophezeiungen zusammen und verließ den Laden.

Die Nationalsozialisten standen den Prophezeiungen sehr kritisch gegenüber. Ja, sie bekämpften sie und verboten ihre Verbreitung, wenn auch nicht offiziell. Bei Leuten, die sich intensiv mit den Prophezeiungen der beiden Waldpropheten beschäftigten, machten sie Haussuchungen und überwachten teilweise sogar solche Personen, wie Zeitgenossen berichten.

Natürlich paßten diese düsteren Prophezeiungen der Zukunft nicht in das Konzept des Nationalsozialismus, schon gar nicht das „Große Weltabräumen" und daß danach wieder „Gelobt sei Jesus Christus" der allgemeine Gruß ist. Bei ihnen galt nur der Mythos des Herrenmenschen, dem einmal „die ganze Welt" gehören sollte.

Etliche Exemplare der Stormberger Prophezeiung müssen damals der Beschlagnahme entgangen sein, denn ich kaufte mir 1953 für zwei Mark in Zwiesel noch ein Exemplar, in dem lediglich der Name der Buchhandlung Ludwig Pongratz durchgestrichen war und handschriftlich darüber „Jos. Dötsch" vermerkt war. Es ist die Zweitfassung von 1930, die ich heute noch besitze.

# Überlieferungen und Überlieferer

Es überrascht, daß immer wieder Mühlhiasl-Sprüche auftauchen, die dieser zu besonderen Ereignissen gemacht haben soll, die aber bisher noch niemand kannte. Das Phänomen dabei ist, daß diese Sprüche meist nicht in der heutigen Umgangssprache, sondern in der „Mühlhiasl-Sprache" im Volk zitiert werden, obwohl sie offensichtlich erst jetzt entstanden sind. Die Erfinder solcher Sprüche haben sie wegen der wohl größeren Glaubwürdigkeit gleich in die Mühlhiasl-Sprache übertragen, sie sind nicht weniger bildhaft als die echten Weissagungen.

Pater Backmund berichtet, daß nach der ersten Landung amerikanischer Astronauten auf dem Mond die Waldler gleich auf einen angeblichen Mühlhiasl-Spruch hinwiesen: „Wenn d' Leut amal auffn Mo'schei aufifahrn!" Es heißt da nicht, wenn die Leute einmal auf dem Mond landen oder mit einer Rakete auf den Mond hinauffliegen, nein, der Volksmund macht da gleich ein „Hinauffahren auf den Mondschein" daraus.

Natürlich soll der Mühlhiasl auch die Motorräder und Autos längst vorausgesagt haben: „Einmal werden Wagen fahr'n, ohne Deichsel, die kann kein Teufel derreiten!" oder „Wagen werden aufkommen, die kann kein Hund derrenna!", diese werden also schneller sein als ein Hund. So gibt es zahlreiche Weissagungen, die je nach der Gegend nachträglich entweder dem Mühlhiasl oder dem Stormberger zugesprochen oder besser untergeschoben werden, für die aber jeglicher Hinweis auf eine

50

frühere Existenz fehlt. Die Tatsache immer neuer Prophezeiungen der beiden Waldpropheten zeigt jedoch eindringlich, wie stark sie im Volk verwurzelt sind, wie lebendig sie noch sind. Man bedient sich ihrer, wenn man etwas besonders glaubwürdig machen will oder wenn man etwas, was man bisher für unmöglich, für nicht glaubhaft hielt, nach seinem Auftreten oder Erscheinen kommentieren will. „Der Mühlhiasl hot's eh scho gsagt!"

Bei diesem Problem ist die Glaubwürdigkeit von Aussagen älterer Menschen interessant. Gehen wir einmal davon aus, daß Mühlhiasl und Stormberger zwei verschiedene Personen waren, was nicht sicher ist. Unbedingt sicher ist, daß ihre Prophezeiungen voll übereinstimmen. Sie sind identisch. Beide haben ihre Prophezeiungen nicht niedergeschrieben, sie konnten wahrscheinlich überhaupt nicht schreiben. Von keiner der ursprünglichen Aufzeichnungen läßt sich nachweisen, daß sie zu Lebzeiten der beiden Waldpropheten niedergeschrieben wurden. Wann und wie lange haben beide überhaupt gelebt? Auch diese Fragen sind offen. So ergibt sich als Tatsache, daß uns beide Prophezeiungen nur in Überlieferungen bekannt geworden sind.

So muß als großes Plus festgehalten werden, daß die beiden Ur-Prophezeiungen im Inhalt übereinstimmen, was sehr für die Genauigkeit dieser Überlieferungen spricht. Bei vielen Interviews mit alten Menschen habe ich da schon die unterschiedlichsten Erfahrungen gemacht. So interviewte ich einmal in Mainburg eine 94jährige Frau, die ihre Kindheit in Bayerisch Eisenstein verbracht hatte. Sie konnte nach über 80 Jahren noch alle ihre Lehrer mit Vor- und Nachnamen aufzählen und eine ganze Reihe von Gedichten aus dieser Zeit fließend aufsagen. Als etwa zwölfjähriges Schulmädchen war sie nebenbei im Haushalt des Bahnhofsvorstandes tätig und besaß aus dieser Zeit ein Foto, auf dem alle damals im Grenzbahnhof Bayerisch Eisenstein beschäftigten bayerischen und österreichischen Eisenbahn-, Zoll- und Postbediensteten vor dem Bahnhof fotografiert waren. Von den weit über hundert Personen kannte sie etwa 90 mit dem Familiennamen, gut 40 mit dem Vor- und Familiennamen oder dem Hausnamen. Sie selbst ist auf dem Foto an einem Fenster im ersten Stock zu sehen. Das war phänomenal!

Als ich 1979 ein Büchlein über die 1964 eingestellte Regensburger Straßenbahn schrieb, lud ich alle alten und noch rüstigen Straßenbahner zu einer Besprechung ein. Etwa zwanzig kamen, einige mit ihren Ehefrauen. Ich las die fertigen Kapitel vor und dann diskutierten wir darüber. Über den genauen Farbanstrich eines Straßenbahntyps konnten sich zwei ehemalige Straßenbahnführer nicht einigen, obwohl sie jahrelang auf diesen Wagen Dienst getan hatten. Ein alter Straßenbahnschaffner erzählte anschaulich, wie er in der Inflationszeit mit ganzen Taschen voller Papiergeld herumgefahren sei, bis seine Frau meinte: „Aber Alois, 1923 warst Du doch noch beim Gaswerk, zur Straßenbahn bist Du doch erst 1927 gekommen!" Obendrein gab es während der Inflation sogenanntes Straßenbahngeld, das waren Aluminiummünzen, die man vorher bei Schaltern kaufen mußte. Papiergeld wurde zum Ende der Inflation nicht angenommen.

In Griesbach bei Zwiesel lebte der Schafhauser Franz, Jahrgang 1896. Er galt im Zwieseler Winkel als ungekrönter Schöllenkönig, denn seine Sammlung von 60 Kuhschöllen war einmalig und einmalig war auch sein Auftritt mit den Burschen in der

Nacht zu Martini, wenn im Zwieseler Winkel mit Peitschenknall und Schöllengedröhn der Wolf ausgetrieben wird. Der Schafhauser Franz galt aber auch als einer, der über den Stormberger genau Bescheid wußte. Er hatte schließlich 1912, wie er mir erzählte, an der Poschingervilla in Rabenstein mitgebaut und damals von einem Rabensteiner im Wirtshaus eine handschriftliche „Stormberger-Prophezeiung" erhandelt. Im Herbst 1966 interviewte ich erstmals den Schafhauser Franz. Den Bericht hieraus druckte die Zeitung „Der neue Tag" in Weiden am 5. 11. 1966. Darin schrieb ich über die Prophezeiungen:

„Zum Schluß erzählte er uns noch, daß er die Prophezeiungen des Stormberger für den Zwieseler Winkel von einem alten Mann bekommen habe, als er in Rabenstein 1912 an der Poschingervilla mitbaute. Der Stormberger war ein Bärentreiber-Kind und keineswegs mit dem Mühlhiasl identisch, wie manchmal behauptet wird. Zusammen mit 600 Goldmark hat der Schafhauser diese handgeschriebenen Prophezeiungen während der Nazizeit vergraben, weil man schon mehrmals bei ihm Haussuchungen gemacht hatte. Leider fand er nach dem Kriege das Versteck nicht mehr." Soweit das Zitat aus der damaligen Presseveröffentlichung.

Als ich diesen Bericht später in einer anderen Zeitung veröffentlichte, kamen mir zunächst Bedenken wegen des ganzen „Sackerls voller Goldmarkeln", das der Schafhauser vergraben haben wollte. Es gab nämlich früher in Gold nur Münzen zu 5, 10 und 20 Mark, die damaligen Markstücke waren aber aus Silber. Ich besuchte also den Schafhauser Franz wieder und befragte ihn so, wie ich es auf der Deutschen Journalistenschule in München gelernt hatte: Immer wieder auf Zweifelhaftes zurückkommen, immer wieder nachfragen und Fangfragen stellen. Wo würdest Du denn heute die Goldstük-keln vergraben? Hast Du das Geld und die Stormberger Handschrift an der gleichen Stelle vergraben? Warum hast Du die Sachen, die Du 1944 vergraben hattest, 1945 nicht sofort wieder ausgegraben? Hast Du denn die Handschrift in einem Behälter vergraben, war der aus Holz, Blech oder war es in einer Flasche, denn sonst wäre die Handschrift ja durch die Bodenfeuchtigkeit kaputt gegangen? In welchem Behälter waren die Goldstücke? Weißt Du, daß es niemals Markstücke aus Gold gegeben hat? Da sagte der Schafhauser plötzlich lächelnd zu mir: „Dös mit dö Goldstückeln, dös loß amal wegga!" Doch von den Stormberger Prophezeiungen rückte er nicht ab, die habe er besessen. Vielleicht habe er sie auch nur irgendwohin gesteckt! Er zitierte auch laufend und gerne daraus.

Ich habe über die Interviews mit dem Schafhauser noch meine stenografischen Aufzeichnungen. Sehr gerne trug er auch Gsangeln und kleine Sprücherln vor, die er teilweise selbst gemacht hatte. So sagte er mir einmal, in Anspielung auf seine damaligen Familienverhältnisse, diesen: „Im Bayerwald bin ich geboren, im Bayerwald will ich begraben sein und nicht in Köln am Rhein!" Der Witz ist, daß der Schafhauser im Böhmerwald geboren ist.

Ich schreibe dies alles nur deswegen, um zu zeigen, daß man nicht alles, was alte Menschen erzählen, ohne weiteres gleich als bare Münze nehmen kann. Jeder kennt das Phänomen, daß in den Erzählungen ehemaliger Kriegsteilnehmer aus den letzten Kriegen die fürchterlichsten Dinge gar nicht mehr so schlimm klingen, ja, daß man sich an diese schaurige Zeit mitunter öfter und positiver erinnert als vielleicht an wirtschaftliche Notzeiten, wo es den Waldlern zwar schlecht ging, sie aber nicht in

Lebensgefahr schwebten. Ganz unrecht hat der aus dem Bayerischen Wald stammende Sänger Fredl Fesl nicht, wenn er behauptet: „Falls man alten Männern glauben darf, dann war von allen Kriegen der Erste Weltkrieg der schönste!"

Nach all meinen Erfahrungen ist es wahrlich erstaunlich, daß die Prophezeiungen der Waldpropheten im Inhalt so gleichlautend und übereinstimmend zu verschiedenen Zeiten und an verschiedenen Orten aufgezeichnet wurden. Wie müssen sie damals die Menschen im Waldland beschäftigt haben!

# Das Mühlhiasl-Kreuz

Einen konkreten Hinweis auf das Leben des Mühlhiasl oder des Stormberger zu erhalten, ist sehr schwer, sieht man von den Eintragungen in den Kirchenbüchern beim Mühlhiasl unter dem Namen Matthias Lang und des Starnberger in dem Hüttenjournal einmal ab. Noch schwerer ist es, einen Gegenstand unmittelbar einem von ihnen zuzuordnen. Von Menschen, deren Aussprüche so bekannt im Bayerischen Wald geworden sind, müßte es eigentlich auch noch irgend etwas Persönliches geben.

Der Heimatschriftsteller und Volkskundler Otto Kerscher aus Furth bei Bogen erfuhr von einem Bekannten aus Mitterfels folgendes: ,,Vor Jahren war ich im Arbergebiet unterwegs und kehrte in Bodenmais zu einer Brotzeit ein. Nach kurzer Unterhaltung mit dem Wirt meinte dieser: ‚Ich habe noch etwas Interessantes für Sie aus Ihrer Gegend draußen.' Er zeigte mir einen schönen Gehstecken, in dem oben das Kloster Windberg eingeschnitzt war. Dazu meinte der Wirt: ‚Dieser Gehstecken stammt vom Mühlhiasl, wie er in Windberg gehaust hat!'''

Ich habe mich mit diesem Gewährsmann in Verbindung gesetzt, einem pensionierten Schulmann. Er kannte zwar nicht den Namen der Wirtschaft, wo ihm dieser Mühlhiasl-Stecken gezeigt worden war. Doch nach der genauen Beschreibung der Lage dieses ,,Stüberls'' in Bodenmais wußte ich Bescheid. Dort war ich auch schon eingekehrt und hatte all das bestaunt, was der Wirt vorzuzeigen hatte: Einen ausgestopften ,,Hasenbock'' mit Rehgeweih und

Hasenkopf, natürlich einen Wolpertinger und anderes. Seine Sammlung an Bayerwald-Raritäten hat dieser Wirt laufend erweitert und sie mit Humor und Geschäftssinn nicht nur norddeutschen Feriengästen vorgeführt.

Den einzigen ernstzunehmenden Hinweis verdanke ich meinem Freund Dr. Rupert Sigl, der bei seinen jahrelangen Nachforschungen in der Mühlhiaslfrage auch auf das Mühlhiasl-Kreuz gestoßen ist. Die Hauptperson ist dabei der jetzt in Straubing im Ruhestand lebende katholische Pfarrer Gerhard Lecker, Jahrgang 1905, den ich zu dieser Sache zweimal befragte. Also, mit dem Mühlhiasl-Kreuz hatte es folgende Bewandtnis: In den Jahren 1935 und 1936 war Gerhard Lecker Pfarrprovisor in Hunderdorf unweit von Windberg. Der dortige Pfarrer war mitten während des Kirchenneubaues plötzlich gestorben und Pfarrer Lecker mußte als Pfarrprovisor aushelfen, in erster Linie aber die Kirche fertigbauen.

1935 wurde Pfarrer Gerhard Lecker zu einer Sterbenden gerufen. Sie lebte in der Oberen Klostermühle, der Apoigmühle, die früher einige Zeit an den Matthias Lang alias Mühlhiasl verstiftet worden war.

Nachdem er die Sterbesakramente gespendet hatte, bemerkte er an der Wand neben dem Kamin ein beschädigtes, total verrußtes Kruzifix. Dem hölzernen Christus hingen die Arme herab, die bekanntlich am Querbalken angenagelt waren, an den über Kreuz angenagelten Füßen fehlten einige Teile. Der Kreuzbalken selbst war ganz schief. Pfarrer Gerhard Lecker dann wörtlich:

„Als ich so das Kreuz anschaute, meinte die Tochter der Sterbenden, die damals auch schon über Dreißig und damit älter als ich war: ‚Herr Pfarrer, wolln's dös Kreiz?' Als ich dies bejahte, nahm sie es von der

Wand. Während sie es in Zeitungspapier einwik-
kelte, erzählte sie mir, daß dies das Mühlhiasl-Kreuz
sei. Einmal hätte der Mühlhiasl hier in der Apoigmühle mit seinem Bruder Streit bekommen. In dessen Verlauf habe der Bruder ein Messer gezogen und
sei auf den Mühlhiasl losgegangen. Dieser sprang
zur Seite, riß im Herrgottswinkel das Kruzifix her-
unter und schlug es seinem Bruder über den Kopf.
Die Verletzungen des Bruders müssen sehr schwer
gewesen sein, denn der Mühlhiasl habe ‚auf der
Stelle die Apoigmühle verlassen und sich im Wald
versteckt‘. Er sei auch nie mehr in diese Mühle
zurückgekommen.‘‘

Pfarrer Gerhard Lecker hat das Kruzifix zunächst
gesäubert und die dicke, schmierige Rußschicht
entfernt. Nun erst zeigte es sich, daß es sich um ein
gotisches Kruzifix handelt, dessen Korpus etwa
dreißig Zentimeter hoch war. Er ließ ein neues
Balkenkreuz anfertigen und bemalte die bis dahin
ungefaßte, also unbemalte Holzfigur des Heilands,
da er schon immer in seiner Freizeit gerne gemalt
hatte. Später schenkte er das Mühlhiasl-Kreuz einer
Nichte, die in Deggendorf mit einem Bankchef ver-
heiratet ist. Sie besitzt das Kreuz noch heute.

Für diese Geschichte gibt es auch einen historischen
Hintergrund. Matthias Lang alias Mühlhiasl hat als
Klostermüller in der Apoigmühle gelebt, ein Bruder
Johann war als Hüter für das Kloster Windberg tätig
und lebte wahrscheinlich ebenfalls in der Apoiger
Mühle. Nach alten Überlieferungen soll der Mühl-
hiasl auch urplötzlich aus der Gegend von Wind-
berg verschwunden und nicht mehr in diese
Gegend zurückgekommen sein.

Über den Mühlhiasl ist dies der einzige ernstzuneh-
mende Hinweis auf ein noch erhaltenes Zeugnis
seines Erdenlebens, über den Stormberger wurde
bisher nichts Vergleichbares berichtet oder entdeckt.

*Das Mühlhiasl-Kreuz*

# Die Mühlhiasl-
# und Stormberger-Forscher

Es ist bemerkenswert, daß sich vor allem Angehörige der katholischen Geistlichkeit als Mühlhiasl-Forscher hervorgetan haben, wie Backmund, Hofmann und Landstorfer. Die übrigen Mühlhiasl- und Stormberger-Forscher sind Journalisten, Schriftsteller und Volkskundler wie Friedl, Haller, Hirtreiter und Sigl. Diese Forscher kann man in zwei Lager teilen: Die einen sind pro Mühlhiasl, die anderen pro Stormberger. Einige Zeit konnte man einen stillen Wettstreit beobachten, welches der Lager die besseren Urkunden, Unterlagen, Quellen und Argumente besitzt. Nachstehend sind einmal die Männer aufgezählt, die sich besonders intensiv mit den Prophezeiungen der beiden Waldpropheten beschäftigt haben.

Dr. Norbert Backmund, Prämonstratenser-Pater im Kloster Windberg (1907–1987). Pater Backmund hat mit großem Engagement und mit wissenschaftlicher Akribie Leben und Weissagungen des Mühlhiasl erforscht. Er war wissenschaftlich geschult, schriftstellerisch gewandt und ihm standen als Konventangehörigen des Klosters Windberg mehr Möglichkeiten zur Erforschung von Leben und Weg des Mühlhiasl zur Verfügung als den anderen Mitforschern, da Matthias Lang alias Mühlhiasl zeitweise Klosterangestellter war. Sein erfolgreichstes Buch „Hellseher schauen in die Zukunft" erschien 1961 im Poppe-Verlag in Windberg und erlebte später im Morsak-Verlag Grafenau mehrere Nachauflagen.

Friedl Paul, genannt Baumsteftenlenz, Jahrgang 1902. Er ist der Bekannteste, der bisher über die Waldpropheten schrieb. Nachdem er sich seit 1919 mit dem Stormberger befaßte, schrieb er später den Roman „Mühlhiasl der Waldprophet", der bisher in mehreren Verlagen erschien, derzeit im Verlag „Museumsdorf Bayerischer Wald". Dieses bisher meistverkaufte Buch über den Mühlhiasl wird von den anderen Mühlhiasl-Forschern überwiegend negativ beurteilt. Für Dr. Sigl ist es der „Wolpertinger des Baumsteftenlenz" und Hirtreiter urteilt: „Für die Heimatforschung von keinerlei Wert!" Paul Friedl hat nämlich in dichterischer und schriftstellerischer Freiheit aus dem Mühlhiasl und dem Stormberger eine Person gemacht und um diese eine romanhafte Handlung komponiert. Diese ist auch Gegenstand der Darstellung des Malers Rudolf Schmid auf seiner Mühlhiasl-Glaswand in Rauhbühl bei Viechtach.

Dr. Raimund Haller, Jahrgang 1937. Der Zwieseler Sonderschulrektor und nebenberufliche Lehrbeauftragte für Volkskunde an der Universität Passau ist der Hauptvertreter der Stormberger-Forschung. Er geht bei allen Arbeiten streng wissenschaftlich vor, was zwangsläufig keinen so großen Leserkreis anspricht wie die romanhafte Darstellung des Baumsteftenlenz. Leider ist es ihm noch nicht geglückt, den Stormberger als selbständigen und auch überzeugend als den älteren Waldpropheten nachzuweisen. Hallers Veröffentlichungen zum Thema enthalten Wertungen überörtlichen Charakters.

Franz Xaver Hirtreiter, Jahrgang 1950. Der frühere leitende Redakteur des „Straubinger Tagblatts"und jetzige Programmchef der Regionalradios „Radio Aktuelle Welle Niederbayern Straubing" und „Radio AWN Landshut" unternahm 1984 den nach meiner Meinung geglückten Versuch, unter dem Titel „Der Mühlhiasl und das große Weltabräumen" einmal alles gedrängt darzustellen, was bisher über die Waldpropheten gedruckt wurde und was von älteren Waldlern noch zu erfahren war. Hirtreiter, der bei Mitterfels lebt, hatte hierzu auch sehr gute geografische Voraussetzungen.

Georg Hofmann, Expositus in Schönau bei Viechtach (1894–1966). Hofmann war einer der fruchtbarsten und anerkanntesten Bayerwaldforscher. Er hat sich auch intensiv mit dem Mühlhiasl befaßt, resignierte schließlich wegen der damals für einen Historiker unbefriedigenden Quellenlage.

Johann Evangelist Landstorfer (1883–1949). Der 1908 geweihte katholische Geistliche war in Oberronning, Laberweinting, Pinkofen und zuletzt in Oberalteich tätig, wo er auch beigesetzt wurde. Er veröffentlichte als Erster, beginnend am 28. Februar 1923, im „Straubinger Tagblatt" die Mühlhiasl-Prophezeiungen in Druckform. Jahrelang hatte er diese Weissagungen gesammelt und aufgezeichnet.

Dr. Rupert Sigl, Jahrgang 1915. Der frühere leitende Redakteur beim „Straubinger Tagblatt", Sprach- und Geschichtsforscher mit einem immensen Wissen und einer riesigen Bibliothek, bemüht sich seit Jahrzehnten, Licht in das Leben des Mühlhiasl zu bringen. Er beurteilt und wertet sprachliche Feinheiten und zieht daraus oft zwingende Schlüsse. Er verfolgt kleinste Hinweise und Möglichkeiten, dabei kam er auch dem Mühlhiasl-Kreuz auf die Spur. Er veröffentlichte mehrere Zusammenfassungen über die Mühlhiasl-Prophezeiungen. Der blitzgescheite Altbayer von Geburt und aus Überzeugung gestaltet auch seit Jahrzehnten den „Straubinger Kalender", Deutschlands ältesten Heimatkalender.

# Literaturhinweise

Backmund, Pater Dr. Norbert
„Hellseher schauen die Zukunft", 1. Auflage 1961 Windberg,
weitere Auflagen Grafenau

Bekh, Wolfgang Johannes
„Bayerische Hellseher. Vom Mühlhiasl bis zum Irlmaier",
Pfaffenhofen/Ilm 1976

Friedl, Paul, genannt „Baumsteftenlenz"
„Die Stormberger Prophezeiung", Zwiesel 1930
ders.
„Mühlhiasl – der Waldprophet", verschiedene Verlage,
jetzt im Verlag „Museumsdorf Bayerischer Wald Tittling"

Haller, Dr. Reinhard
„Der Starnberger · Stormberger · Sturmberger", Grafenau 1976
ders.
„Prophezeiungen aus Bayern und Böhmen", Grafenau 1982

Hirtreiter, Franz Xaver
„Mühlhiasl, der Waldprophet" in „Straubinger Tagblatt",
sechs Folgen, beginnend am 9. 3. 1987

Hofmann, Georg
„Der Mühlhiasl" in Zeitschrift „Der Bayerwald" 1957

Landstorfer, Johann Evangelist
„Ein Zukunftsseher aus Großväterzeiten"
in „Straubinger Tagblatt" vom 28. 2. 1923

Sigl, Dr. Rupert
„Die Weissagungen des Mühlhiasl" in Zeitschrift
„Der Bayerwald" I/1969
ders.
„Die Mühlhiasl-Weissagung schon überfällig" in „Straubinger
Tagblatt", sechs Folgen, beginnend am 26. 8. 1969
ders.
„Der Mühlhiasl vor und nach Tschernobyl" in „Kötztinger
Zeitung", fünf Folgen, beginnend am 23. 5. 1987

Vegesack, Siegfried von
„Der Waldprophet", Heilbronn 1967, später Grafenau

Westermayer, Heribert
„Die 100 Jahre alte Prophezeiung eines Hundertjährigen" in
Zeitschrift „Der Bayerwald in Vergangenheit und Gegenwart"
1932

ferner: „Der Mühlhiasl hatte das Zweite Gesicht" in „Bunte
Illustrierte" 1969 (Verf. Redakteur H. J. Kurz)

# Inhalt

# Dank

Für Hinweise, Anmerkungen, Schriften und Schriftstücke, die mir während der letzten vielleicht zwanzig Jahre zum Thema dieses Büchleins zugingen, danke ich vor allem Paul Friedl in Zwiesel, Dr. Raimund Haller in Zwiesel, Andreas Högn in Deggendorf, Otto Kerscher in Furth bei Bogen, Pfarrer i. R. Gerhard Lecker in Straubing, Pfarrer Josef Scheuer in Stallwang, Dr. Rupert Sigl in Straubing und dem verstorbenen Dichter Siegfried von Vegesack auf Burg Weißenstein bei Regen.

Der Verfasser